Für kleine Zeichner

DIE GROßE ZEICHENSCHULE

N
W
O
S

Nico Fauser

Für kleine Zeichner

DIE GROßE ZEICHENSCHULE

Für Kinder ab 4 Jahren

Bassermann

Inhalt

Bauernhof und Tiere

Fahrzeuge und Baustelle

Piraten und Wikinger

Dinosaurier und Urzeit

Feen und Fabelwesen

KUH

Kühe haben ein Euter, aus dem die Milch kommt. Sie müssen jeden Morgen gemolken werden. Früher wurde dies noch von Hand gemacht, heute übernehmen Maschinen diese Aufgabe.

1

2

TRAKTOR

Der Traktor ist für den Bauern sehr wichtig. Mit ihm kann er das Feld bearbeiten oder auch schwere Anhänger ziehen.

1
2
3
4
5
6

BAUER

Der Bauer lebt und arbeitet mit seiner Familie und seinen Tieren auf dem Bauernhof. Auf seinen Feldern baut er Getreide an. Außerdem liefert er Lebensmittel wie Milch, Fleisch, Obst oder Gemüse.

1
2
3
4
5
6

PFERD

Pferde sind sehr stark und mussten deshalb früher bei der Arbeit helfen, indem sie schwere Lasten zogen. Heute benutzen die meisten Bauern stattdessen Traktoren und andere Maschinen.

1
2
3
4
5
6

HAHN

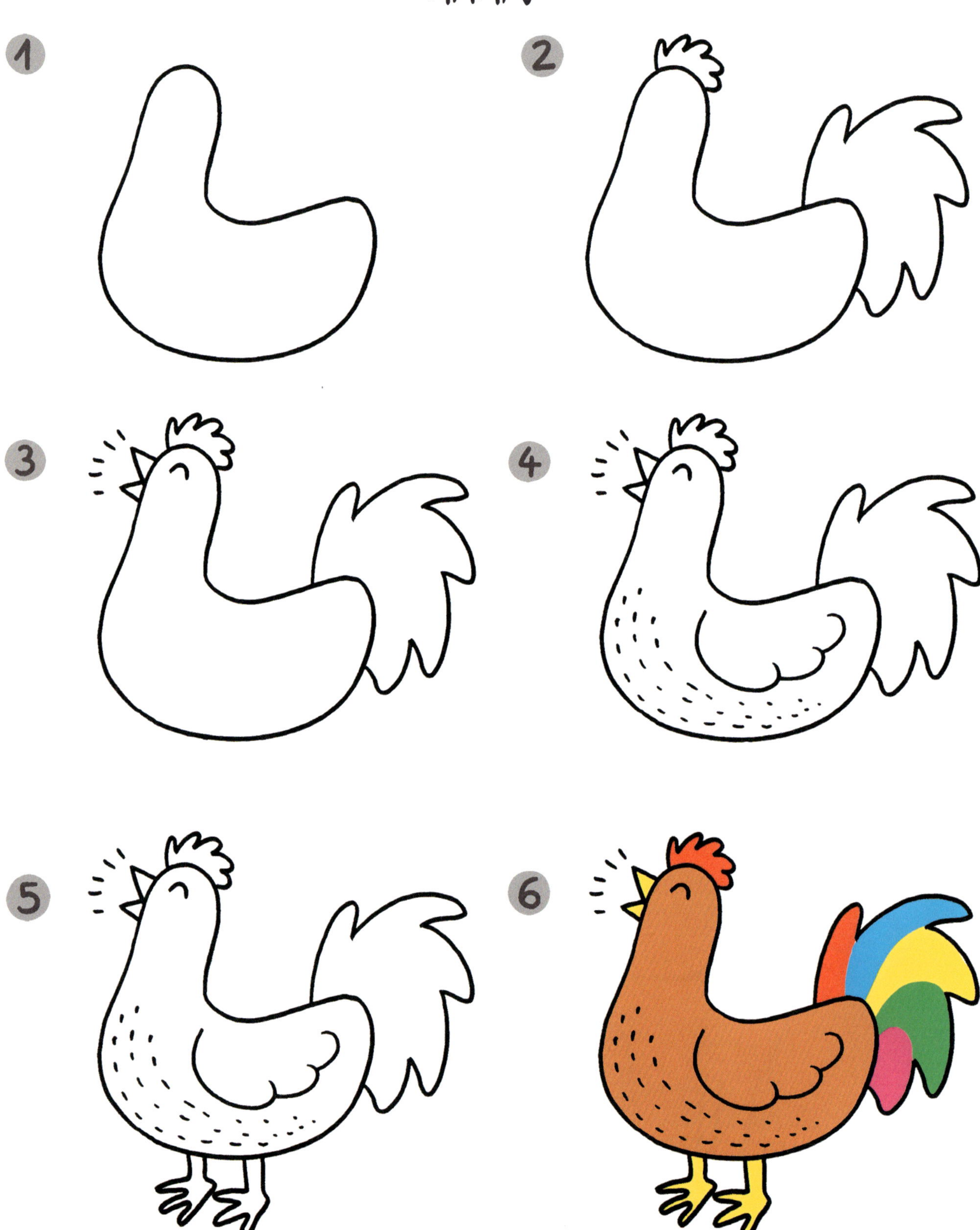

MISTGABEL & HEUHAUFEN

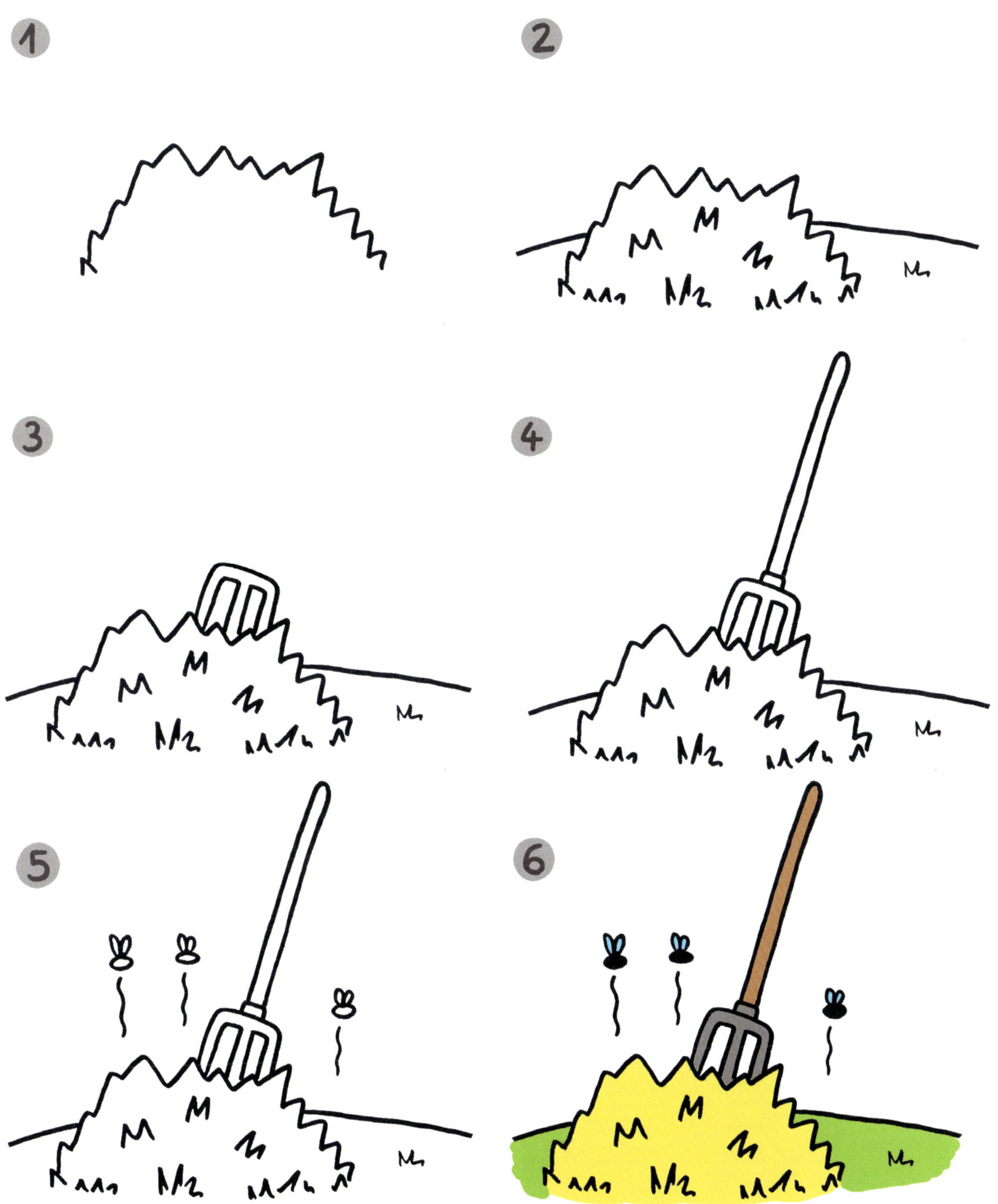

HUHN & EI

KÜKEN

2

4

5

6

BAUERNHAUS

BÄUERIN

2

3

4

5

6

SCHWEIN

Schweine grunzen und suhlen sich gerne im Schlamm. Typisch sind ihre rosafarbene Haut, die großen Hängeohren und der gekringelte Schwanz.

1
2
3
4
5
6

STALL

1

2

3

4

5

6

BLUMENWIESE

MÄHDRESCHER

Ein Mähdrescher ist eine Erntemaschine. Der Bauer fährt damit über seine Felder und sammelt erntereifes Getreide ein. Dieses wird zu Mehl gemahlen, und aus dem Mehl wird Brot gebacken.

1
2
3
4
5
6

HEUBALLEN

MILCHKANNE

KATZE

Auf Bauernhöfen gibt es viele Mäuse. Damit es nicht zu viele werden, halten sich Bauern gerne Katzen.

1
2
3
4
5
6

WACHHUND

Viele Bauernhöfe haben einen Wachhund. Dieser passt aber nicht nur auf die Menschen auf, sondern beschützt auch die Hoftiere, zum Beispiel die Hühner vor dem Fuchs.

1
2
3
4
5
6

VOGELSCHEUCHE

APFELBAUM

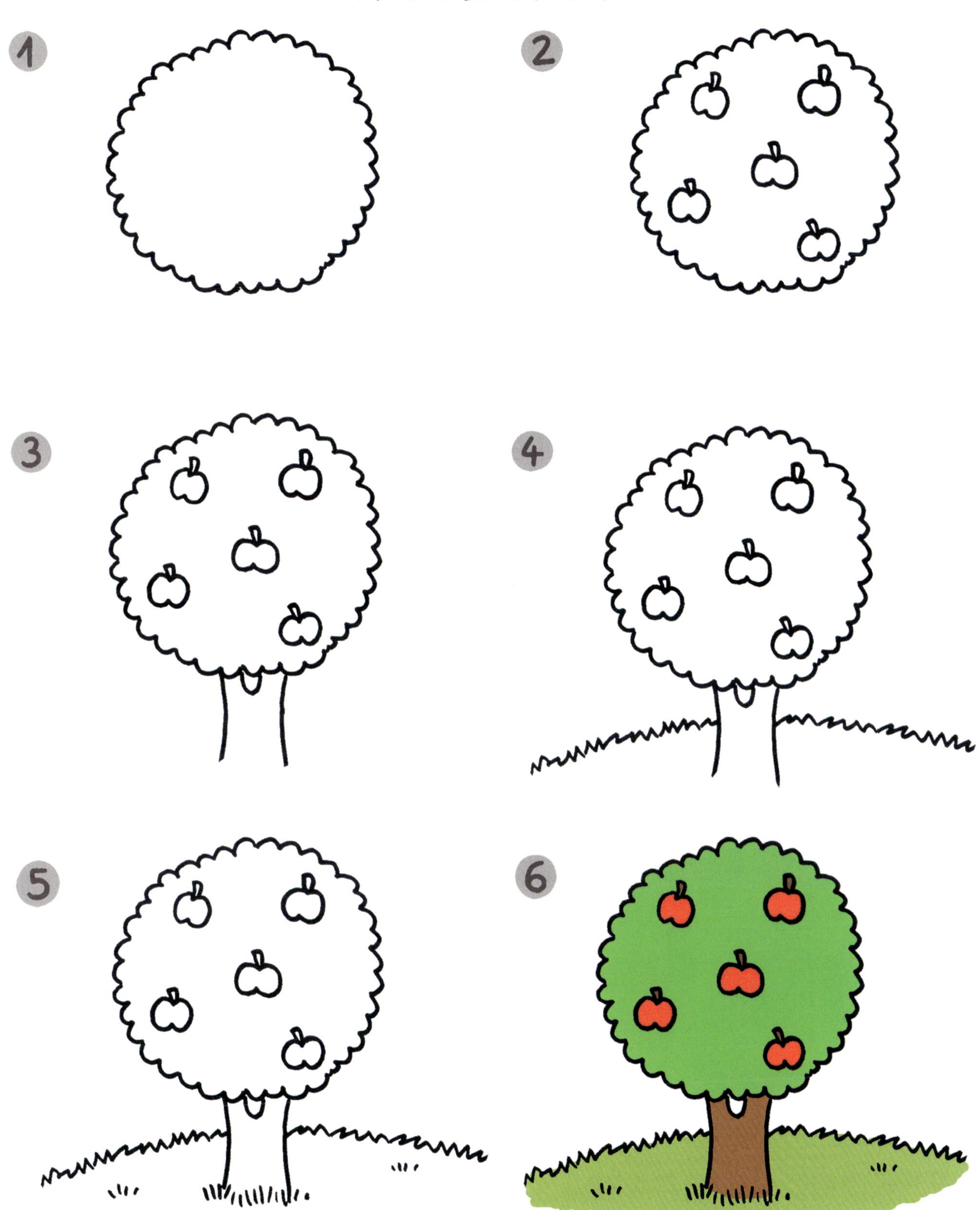

HOFLADEN

Manche Bauern betreiben einen eigenen Hofladen, in dem sie ihre selbst erzeugten Lebensmittel verkaufen. Hier bekommt man frisches Obst, Gemüse und Milchprodukte und vieles mehr.

1
2
3
HOFLADEN
4
HOFLADEN
5
HOFLADEN
6
HOFLADEN

WEIDE

Einige Tiere brauchen eine große Weide, um genügend Auslauf zu haben und frisches Gras zu finden. Bestimmt hast du schon Kühe, Schafe und Pferde auf einer Weide grasen sehen.

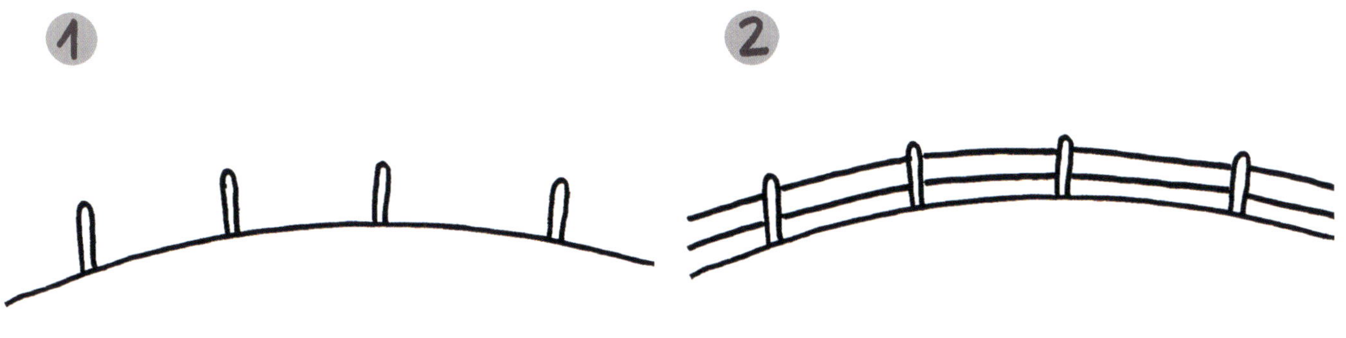
1
2

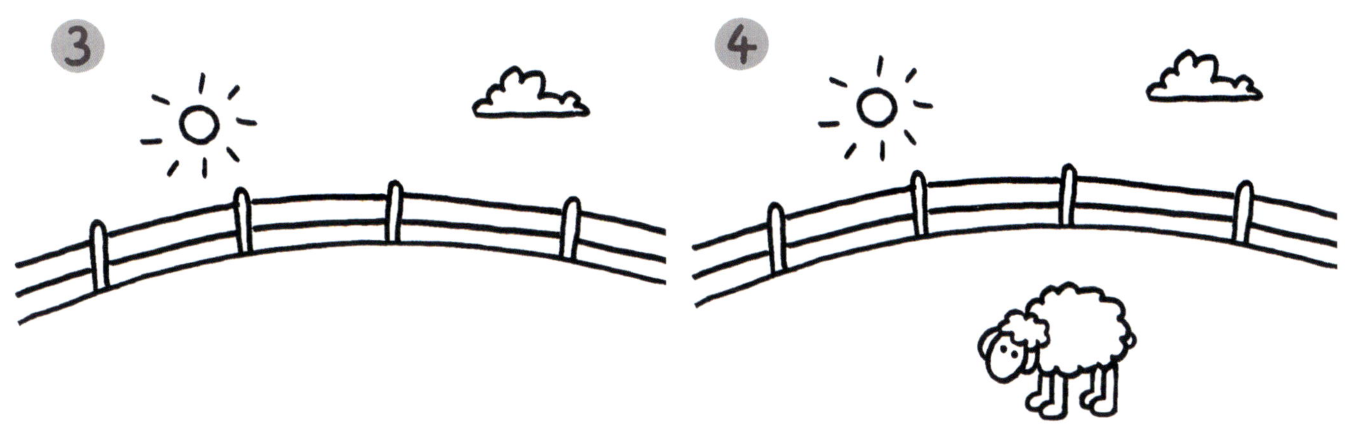
3
4

5
6

ZIEGE

Ziegen erkennst du leicht an ihren Hörnern und den Meckerlauten. Auch Ziegen kann man melken. Die Ziegenmilch wird pur getrunken oder zu Käse weiterverarbeitet.

1
2
3
4
5
6

GANS

Gänse sind gern auf der Weide, und mit ihrem lauten Geschnatter machen sie auf jeden Besucher aufmerksam. Sie sind also tolle „Wachhunde“.

1
2
3
4
5
6

MAUS

1

2

3

4

5

6

BIENE

1

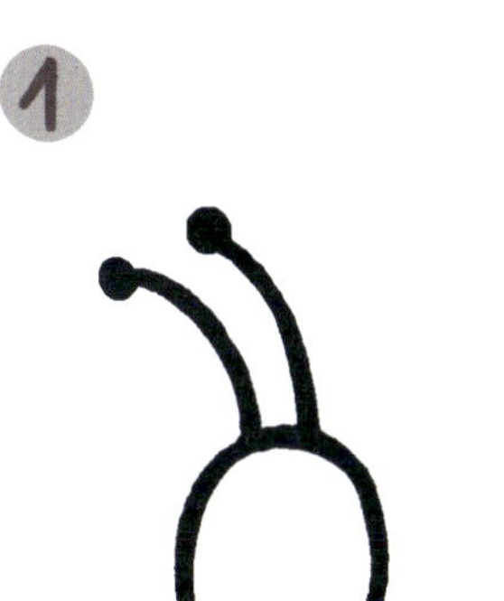

2

3

4

5

6

EICHHÖRNCHEN

Eichhörnchen sind sehr gute Kletterer und leben in Bäumen. Bestimmt hast du schon einmal ein Eichhörnchen im Garten oder in einem Park gesehen. Am liebsten sammeln und essen sie Nüsse.

1
2
3
4
5
6

BÄR

Bären sehen zwar lieb und kuschelig aus, sind aber starke und gefährliche Raubtiere. Auch der Mensch muss sich vor ihnen in Acht nehmen.

1
2
3
4
5
6

EULE

Da Eulen nachtaktiv sind, sieht man sie sehr selten. Eulen haben ein sehr gutes Gehör und können sogar im Dunkeln sehen.

1
2
3
4
5
6

FROSCH

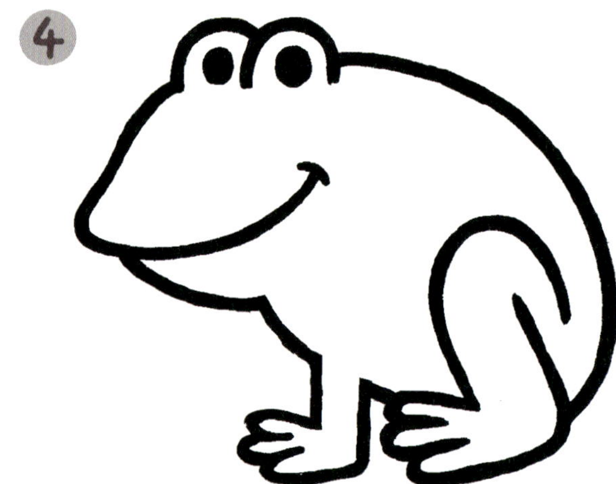

FISCH

KREBS

Wie du oben sehen kannst, haben Krebse acht Beine und zwei Scheren als Arme. Eigentlich leben Krebse im Meer, aber manchmal kannst du sie auch am Strand herumlaufen sehen.

1
2
3
4
5
6

KREUZFAHRTSCHIFF

Kreuzfahrtschiffe gehören zu den größten Schiffen der Welt. Viele Menschen reisen auf ihnen, um Urlaub zu machen.

1
2
3
4
5
6

PASSAGIERFLUGZEUG

Passagierflugzeuge sind große Flugzeuge, mit denen viele Menschen auf einmal fliegen können.

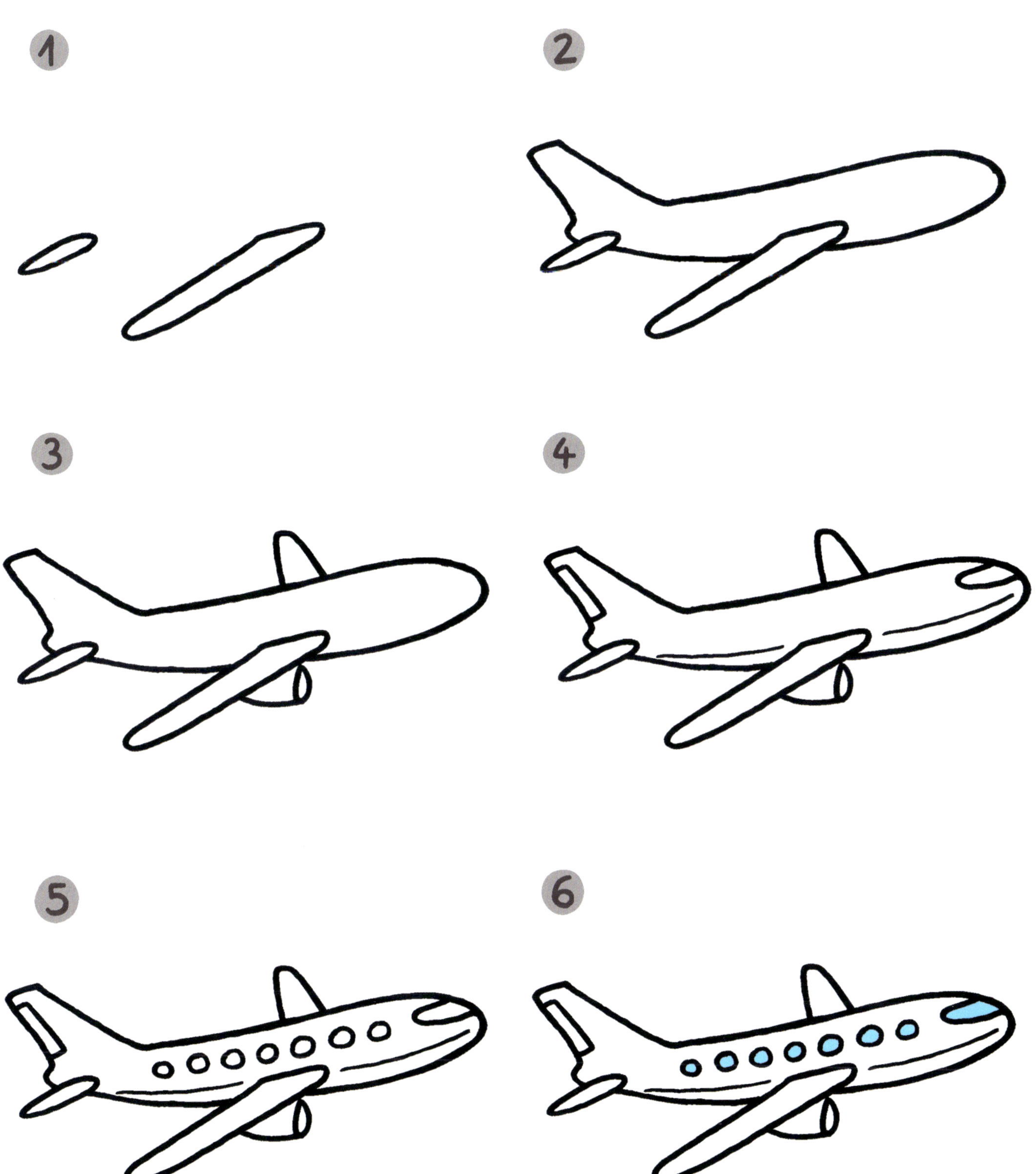
1
2
3
4
5
6

KLEINWAGEN

POLIZEIAUTO

FEUERWEHRWAGEN

Mit dem Feuerwehrwagen fahren die Feuerwehrmänner zum Brandort. Auf dem Dach des Wagens befindet sich eine laute Sirene und im Kofferraum ein Wasserschlauch, um das Feuer zu löschen.

1
2
3
4
5
6

KRANKENWAGEN

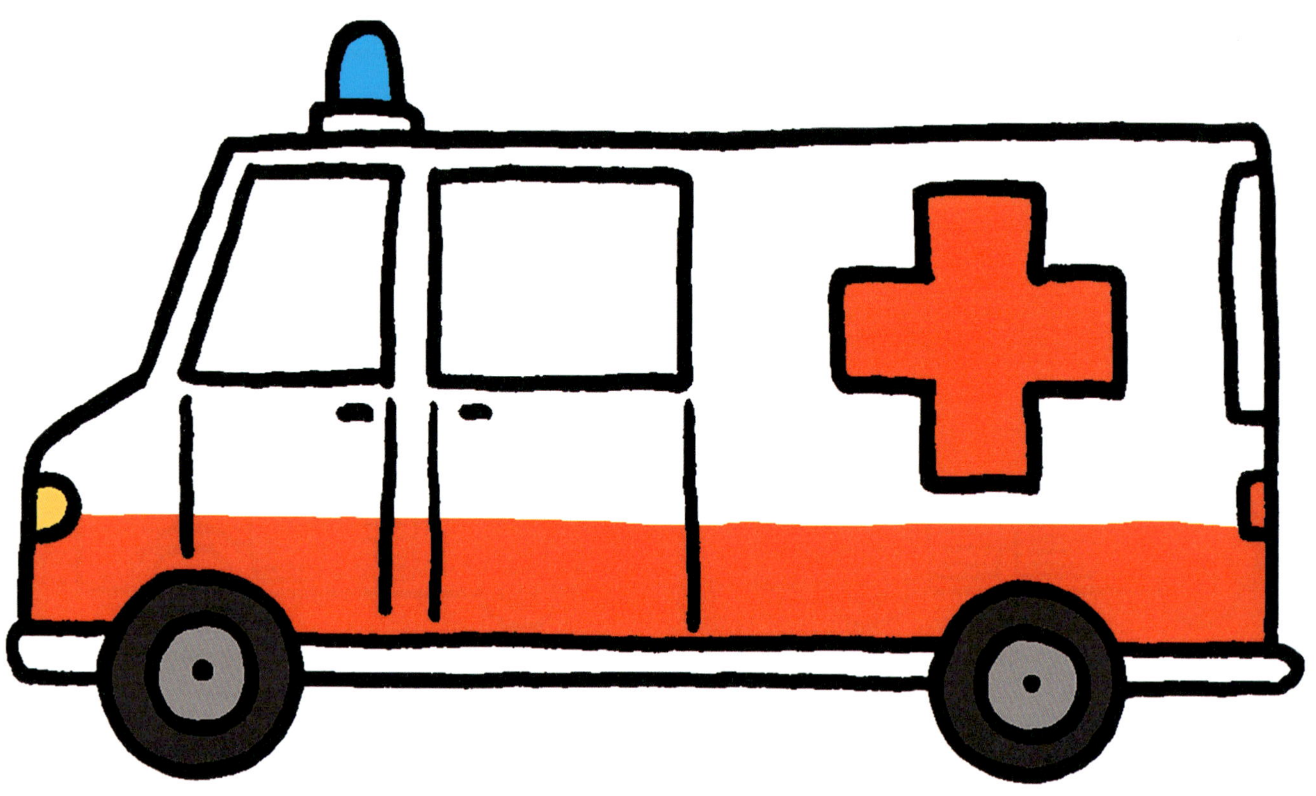

Wenn sich zum Beispiel bei einem Autounfall jemand verletzt hat, kommen Sanitäter in einem Krankenwagen, um die Person ins Krankenhaus zu fahren.

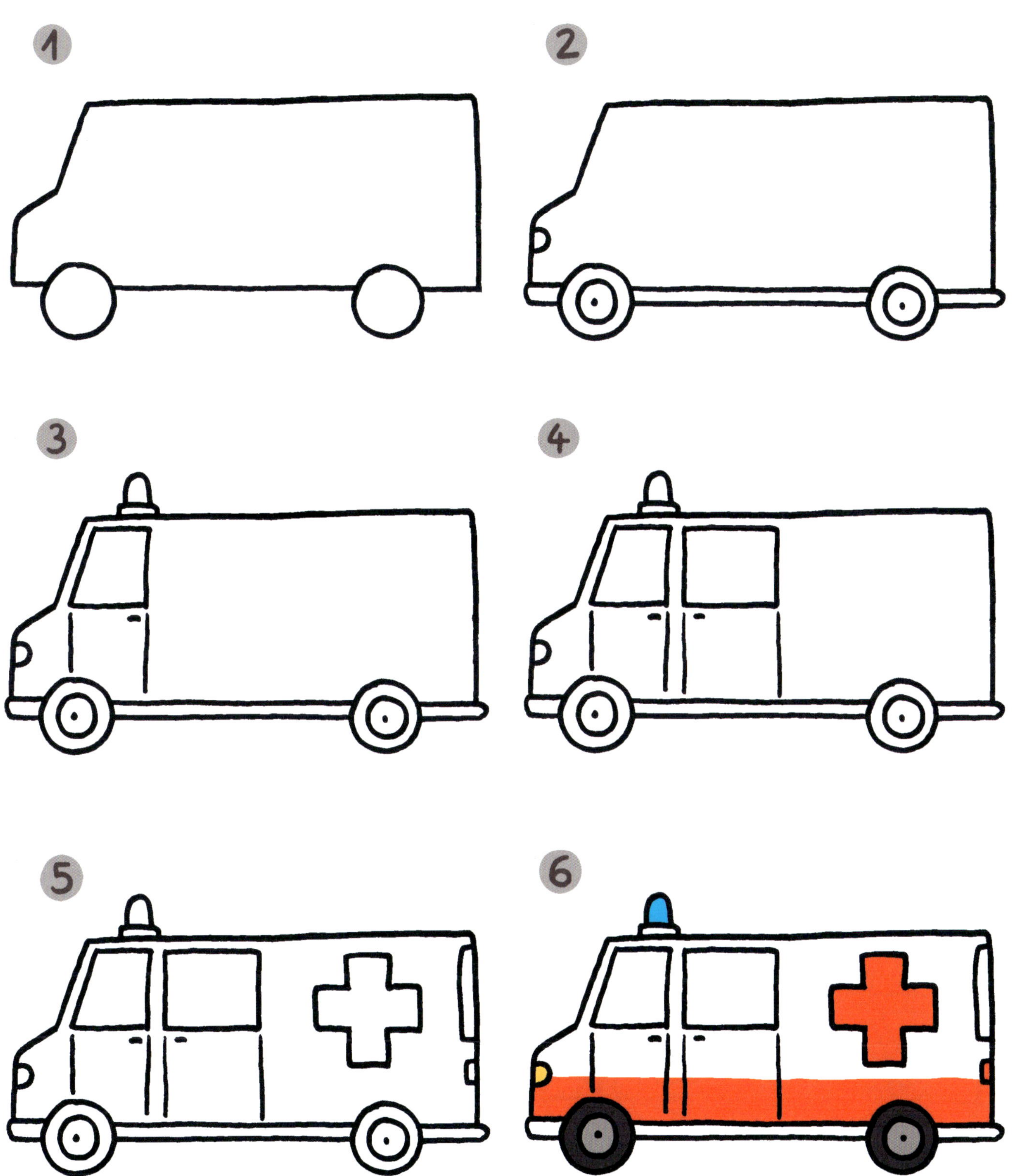
1
2
3
4
5
6

FAHRRAD

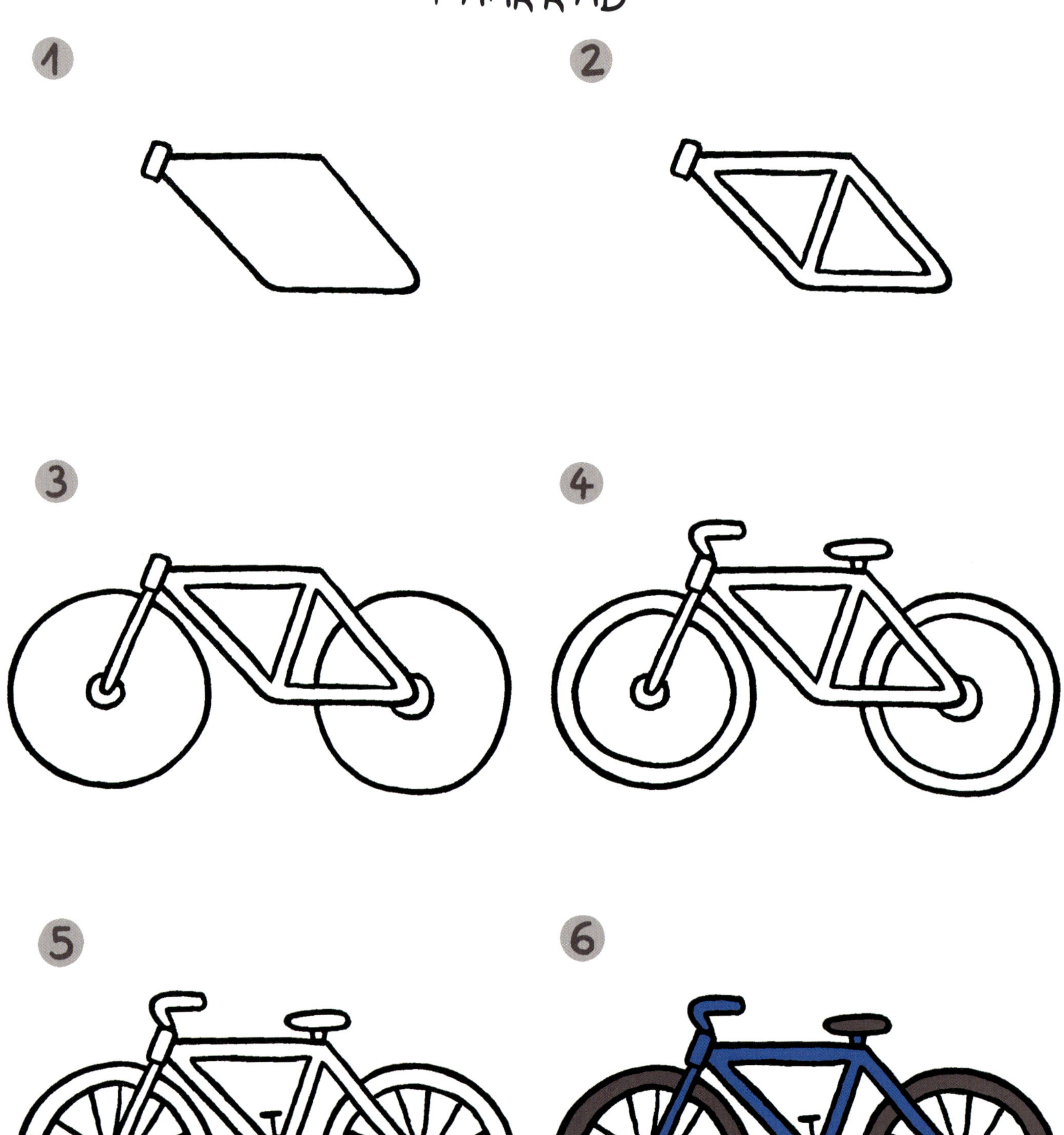

MOTORRAD

RAUPENBAGGER

Es gibt verschiedene Bagger. Dies ist ein Raupenbagger. Du erkennst ihn ganz leicht an seinem Kettenantrieb und dem langen Baggerarm.

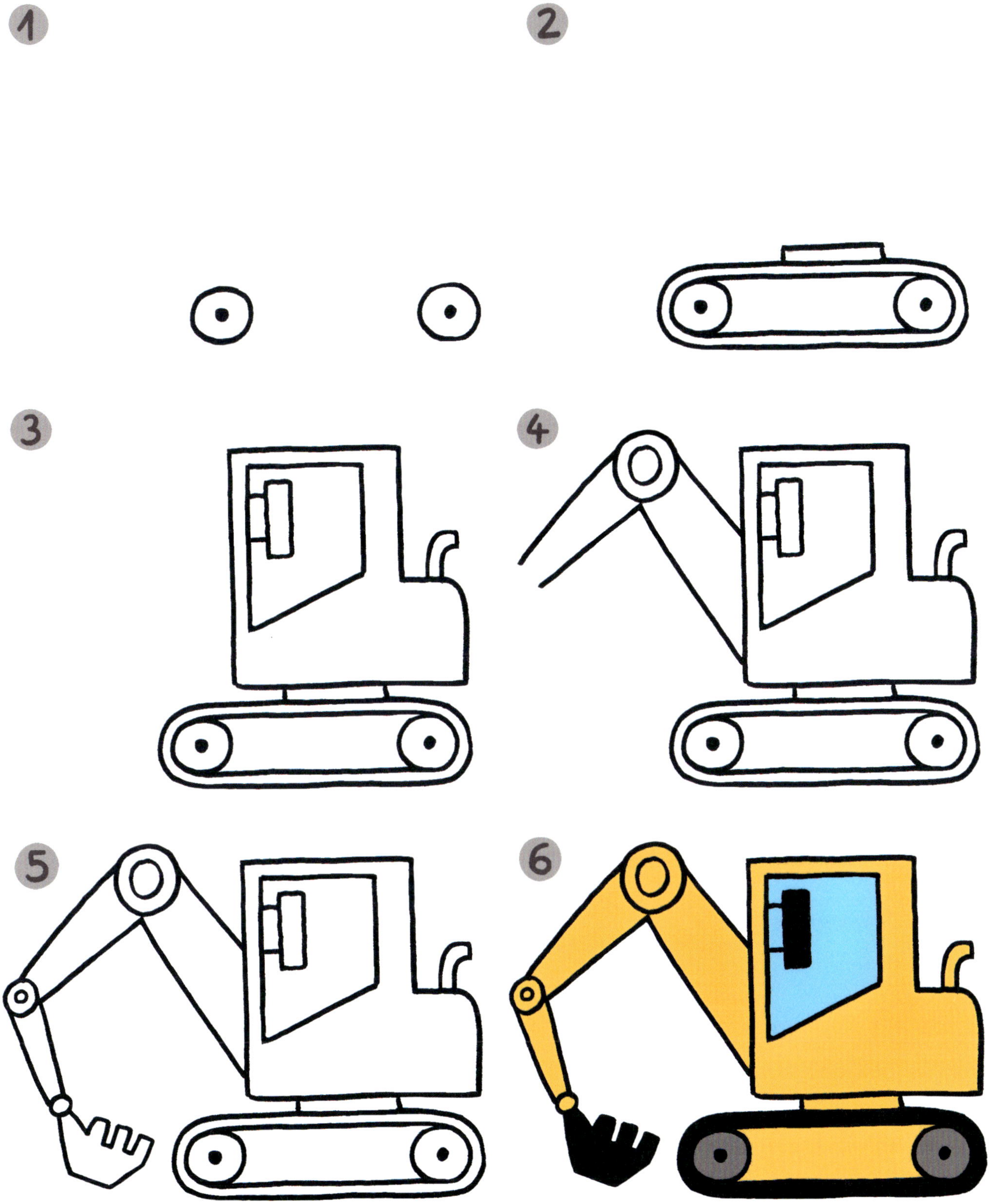

1

2

3

4

5

6

FAHRMISCHER

Ein Fahrmischer ist ein Betonmischer auf Rädern. Er holt große Mengen an frischem Beton, transportiert diesen zur Baustelle und lädt ihn dort ab.

1
2
3
4
5
6

BAUARBEITER

Bauarbeiter arbeiten auf Baustellen. Sie bauen zum Beispiel Häuser und Brücken. Dafür graben sie Löcher, verlegen Rohre und Kabel oder errichten Mauern.

1
2
3
4
5
6

HELM

1

2

3

4

5

6

BETONMISCHER

MAURER

Der Maurer errichtet stabile Mauern, zum Beispiel für ein Haus. Sein wichtigstes Werkzeug ist die Mauerkelle. Die braucht er zum Vermauern von Steinen oder zum Verputzen von Wänden.

1
2
3
4
5
6

RADLADER

Diesen Bagger nennt man Radlader. Er hat eine besonders große Schaufel und kann damit sehr viel Erde auf einmal bewegen.

1
2
3
4
5
6

KIPPLASTER

Um ein Haus zu bauen, muss man ein Loch graben. Die Erde, die nicht gebraucht wird, hebt der Bagger auf einen Kipplaster. Der Laster bringt sie an einen anderen Ort und kippt sie dort ab.

1
2
3
4
5
6

KRAN

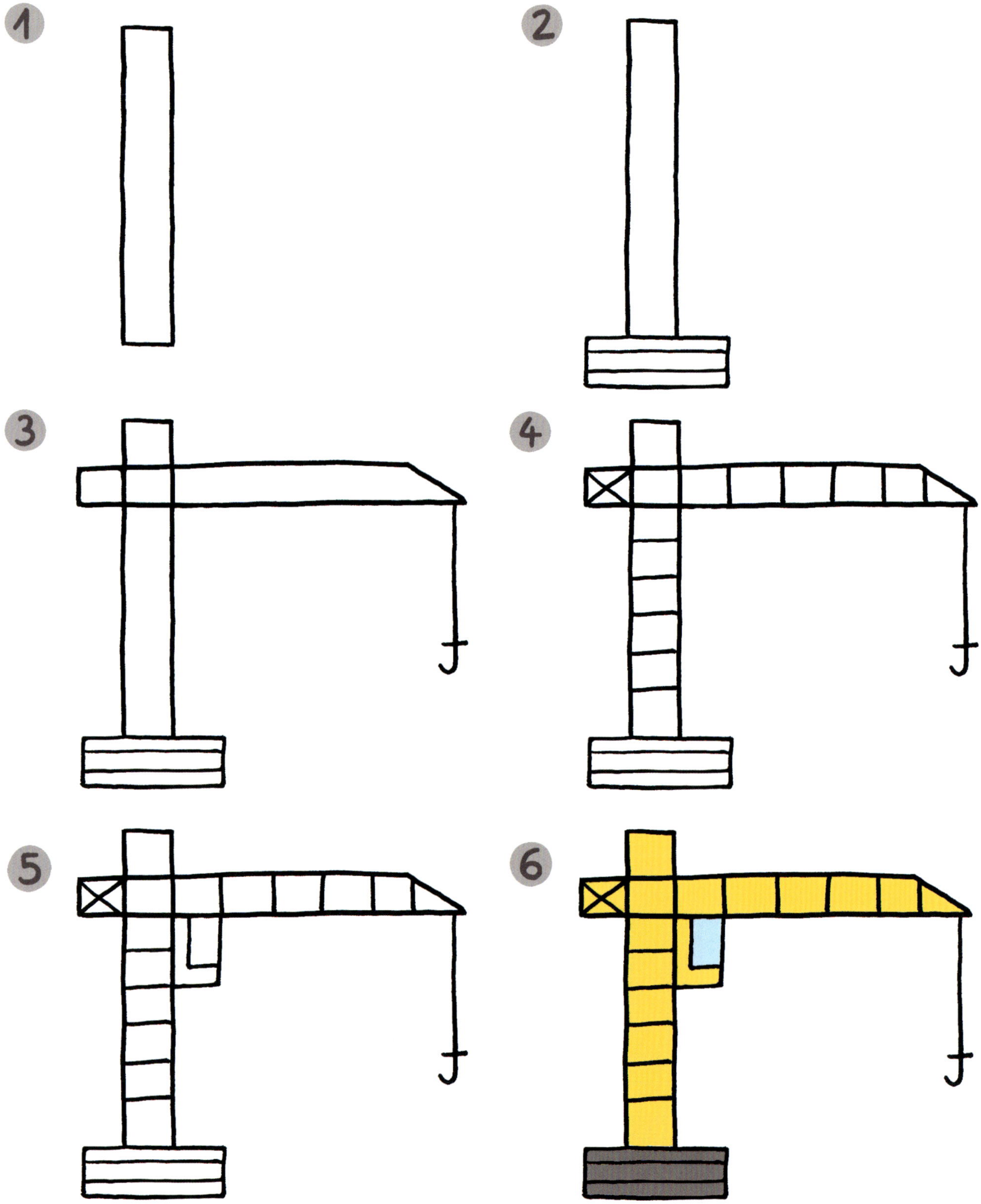

1

2

3

4

5

6

BAUWAGEN

PRESSLUFTHAMMER

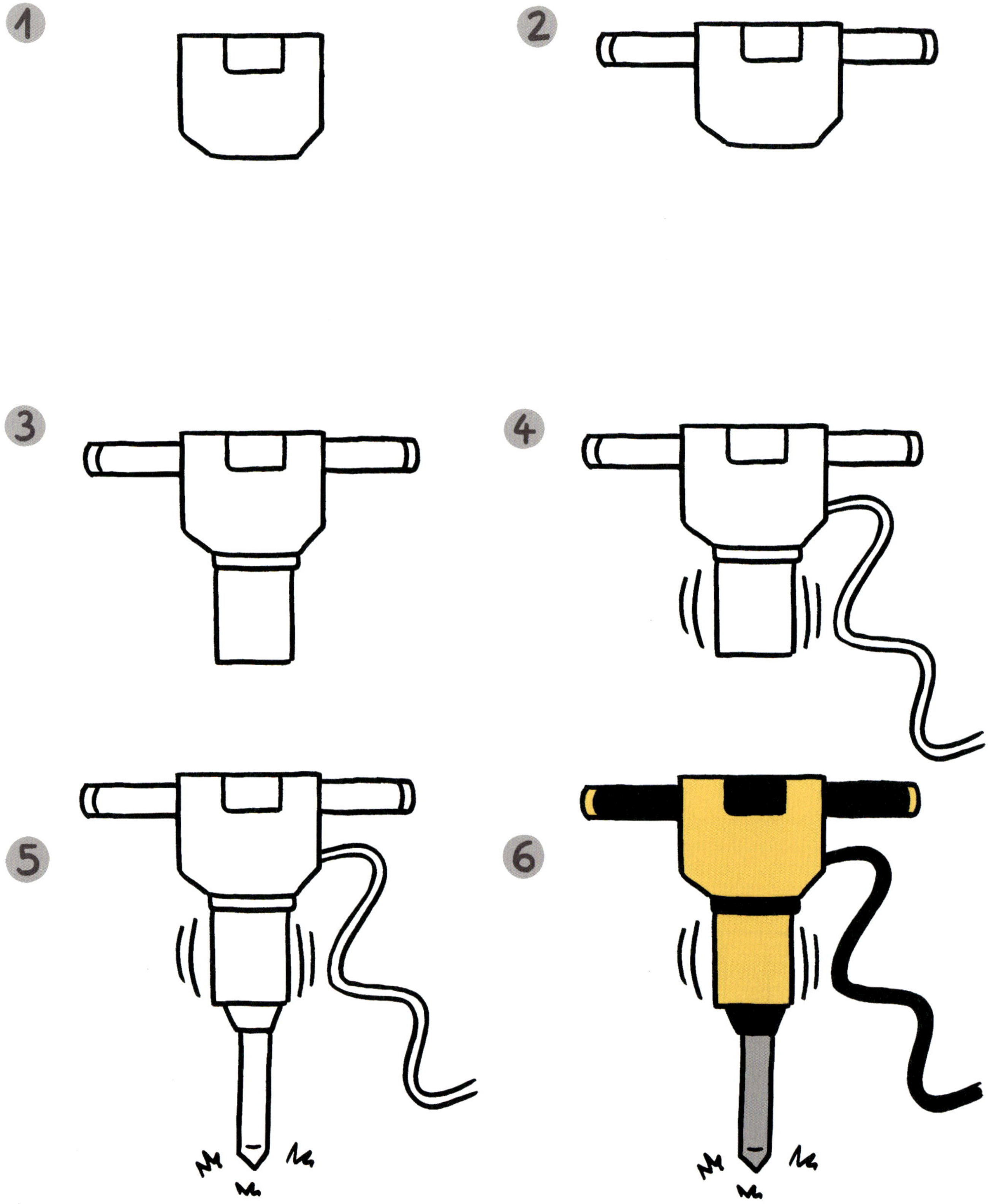

1

2

3

4

5

6

BAUSTELLENSCHILD

PIRATENSCHIFF

Hier siehst du den Totenkopf auf dem Segel des Piratenschiffs. Jedes Schiff hatte seitliche Öffnungen in der Bordwand, aus welchen die Piraten mit ihren Kanonen auf andere Schiffe feuern konnten.

1
2
3
4
5
6

PIRAT

Piraten sind die Räuber der Meere und überall gefürchtet. Meistens überfallen sie große Handelsschiffe, um wertvolle Gegenstände wie Schmuck oder Gold zu erbeuten.

1
2
3
4
5
6

PIRATENFLAGGE

BORDKANONE

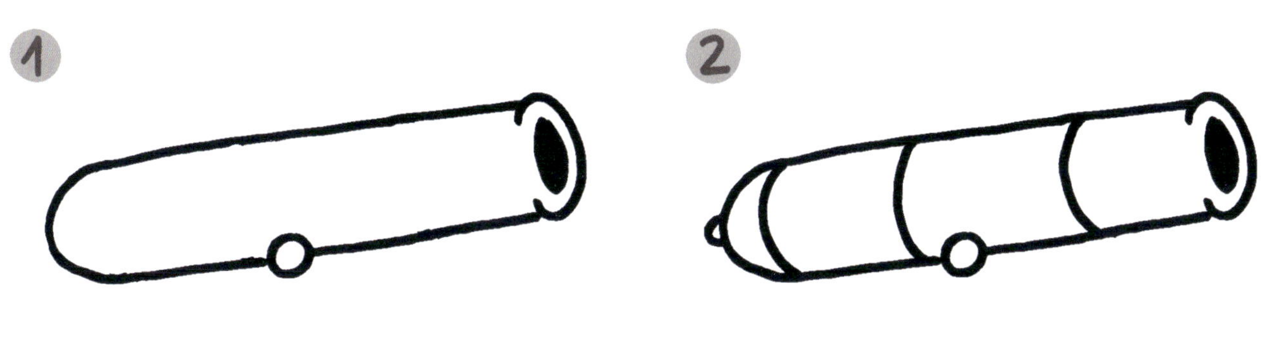

3

4

5

6

PAPAGEI

Ein Papagei ist ein bunter Vogel mit einem sehr großen Schnabel. Papageien sind bekannt dafür, Wörter und sogar ganze Sätze sprechen zu können.

1
2
3
4
5
6

PIRATENJUNGE

FERNROHR

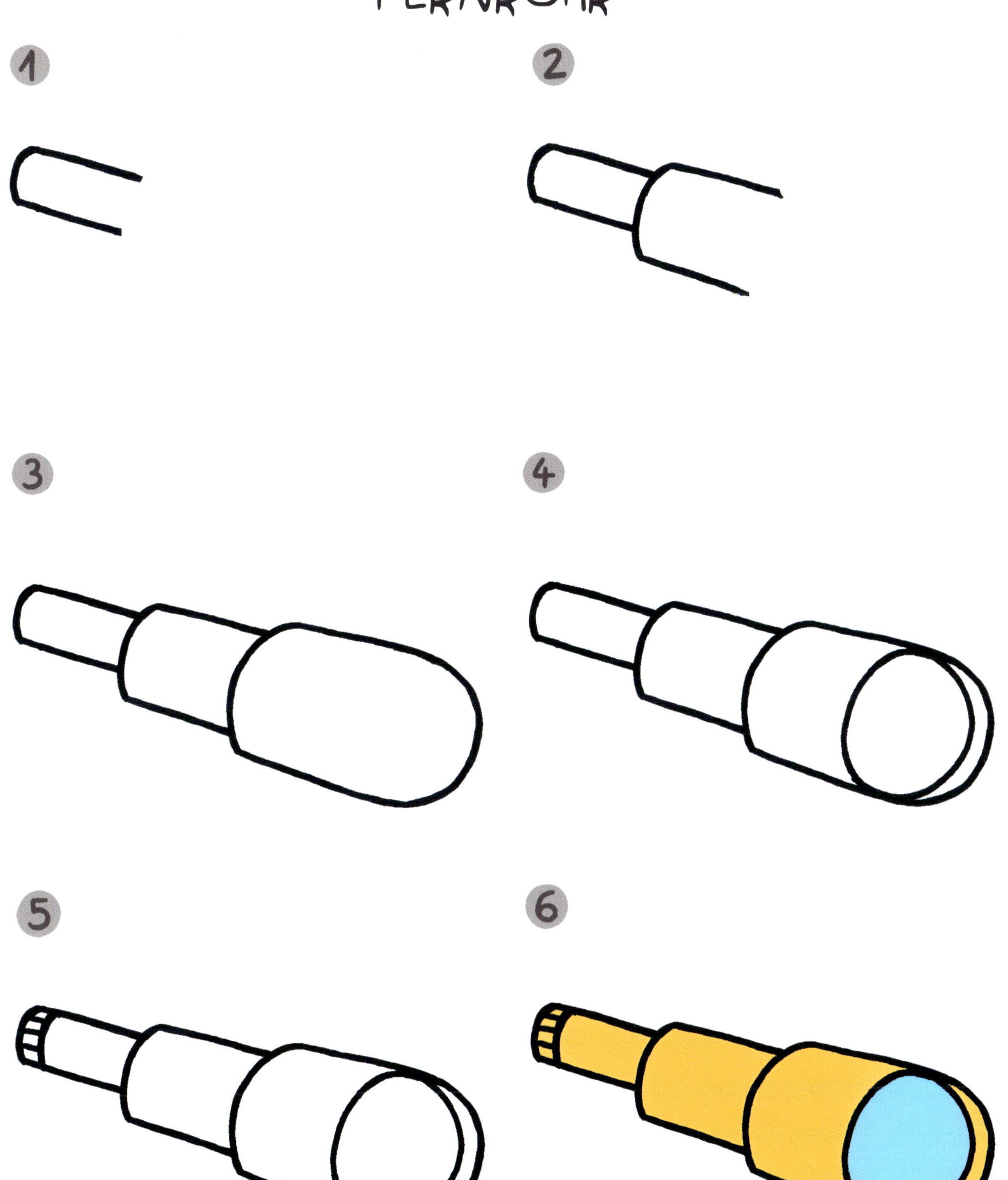

SCHATZKARTE

Um die Verstecke wiederzufinden, an denen die Piraten ihre Schätze vergraben hatten, wurde immer eine Schatzkarte für jedes Versteck angefertigt. Das rote Kreuz zeigt, wo der Schatz verborgen ist.

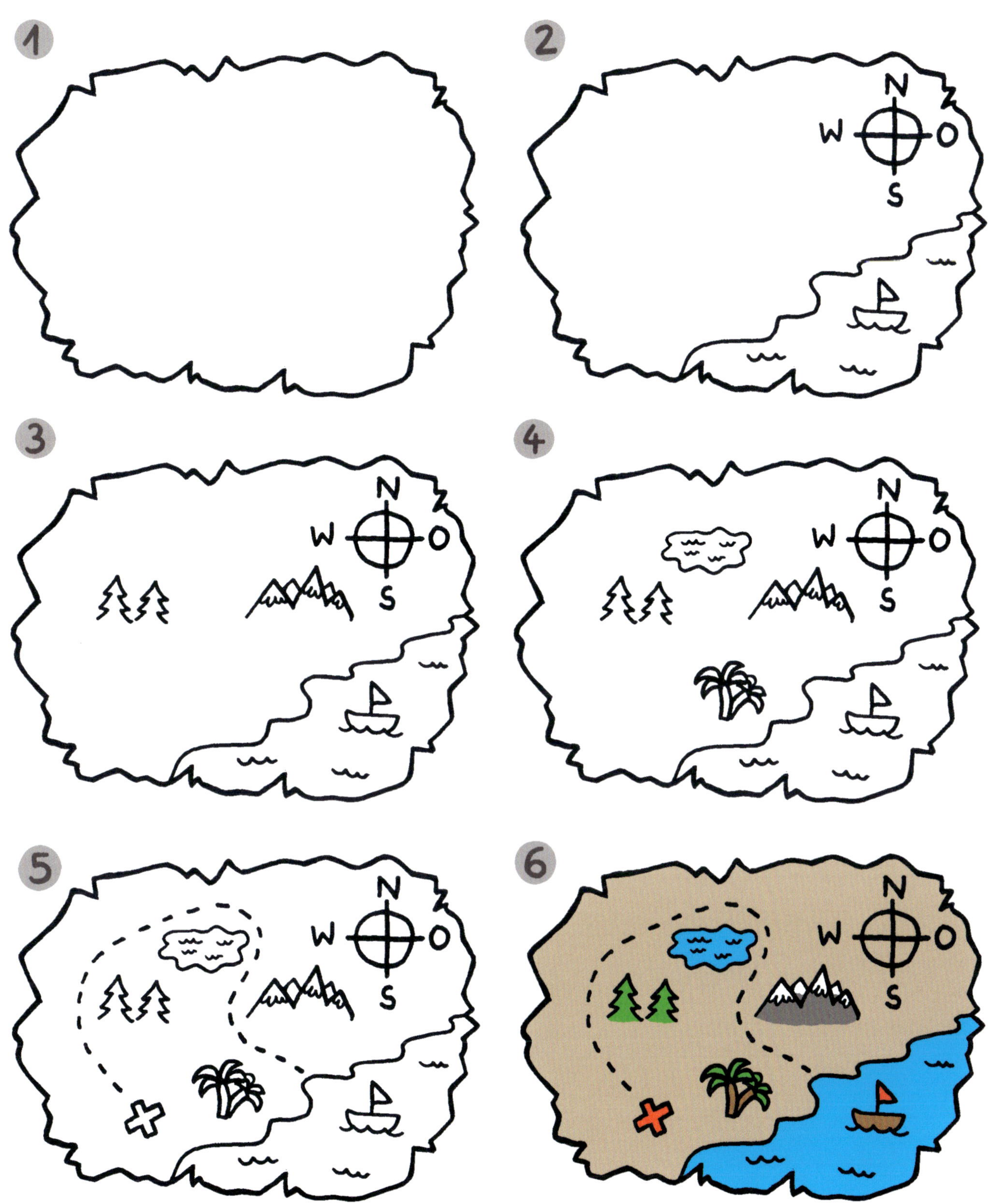
1
2
N
W
O
S
3
N
W
O
S
4
N
W
O
S
5
N
W
O
S
6
N
W
O
S

INSEL

Eine Insel ist ein Stück Land, welches komplett von Wasser umgeben ist. Vielleicht haben die Piraten hier einen Schatz vergraben.

1
2
3
4
5
6

KOMPASS

GOLDSCHATZ

WAL

Manchmal begegneten Piraten auf dem Meer einen Wal. Wale gehören zu den größten Tieren der Welt. Sie kommen zum Atmen regelmäßig an die Wasseroberfläche. Dabei stoßen sie häufig eine Wasserfontäne aus.

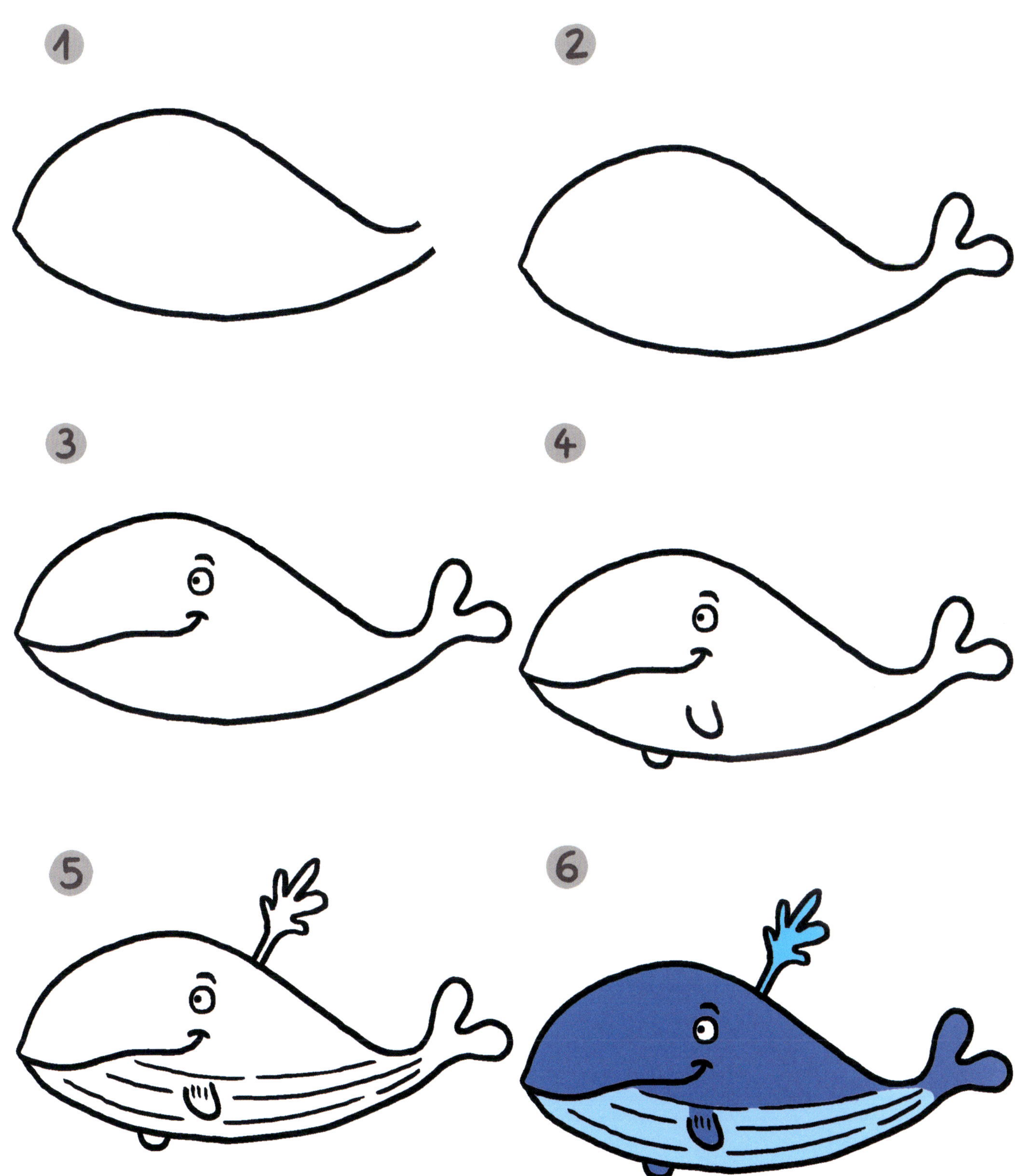
1
2
3
4
5
6

WIKINGERSCHIFF

Das Wikingerschiff sieht aus wie ein schwimmender Wasserdrache. Mit ihren Schiffen waren Wikinger manchmal monatelang auf hoher See unterwegs.

1
2
3
4
5
6

WIKINGER

Die Wikinger waren ein Volk, das im Norden lebte. Die Männer fuhren mit ihren Schiffen von Land zu Land, um zu plündern oder ganze Ortschaften zu erobern.

1
2
3
4
5
6

WIKINGERFRAU

3

4

1

3

4

5

6

WIKINGERHELM

PFEIL UND BOGEN

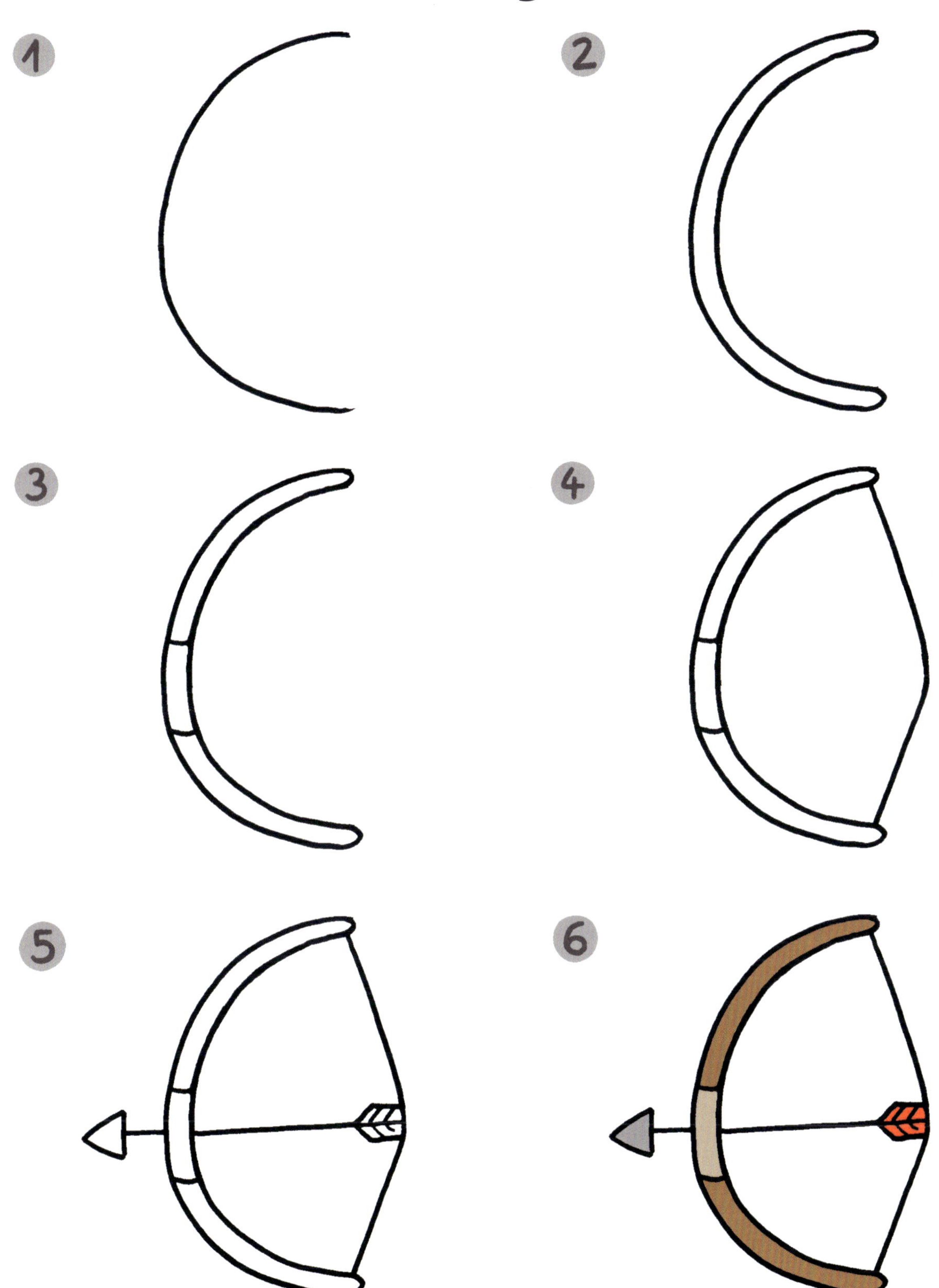

WIKINGERHAUS

Das Haus der Wikinger war meist aus Holz gezimmert und hatte vermutlich ein Dach aus Gras oder Schilf. So genau lässt sich das heute aber nicht mehr sagen.

1
2
3
4
5
6

RUNENSTEIN

Runensteine waren große, senkrecht aufgestellte Steine. Die Wikinger benutzten diese als Grabsteine oder als Erinnerungstafeln für wichtige Ereignisse wie beispielsweise einen gewonnenen Krieg.

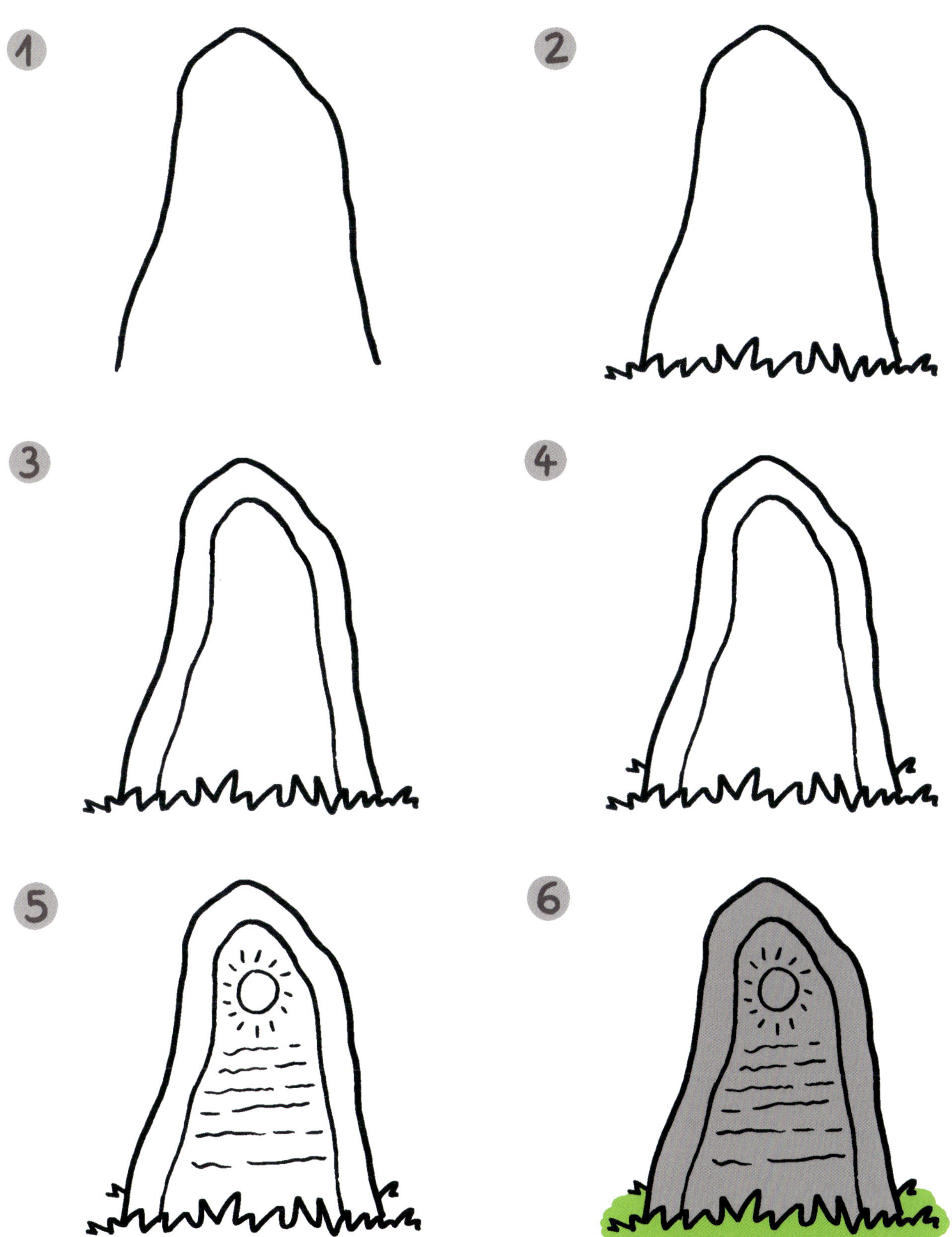
1
2
3
4
5
6

VULKAN

Vulkane sind Berge, aus deren Spitze flüssiges Gestein herausläuft. Dieses Gestein nennt man Lava. Es ist sehr heiß und erzeugt große Rauchwolken.

1
2
3
4
5
6

SÄBELZAHNTIGER

Wegen ihrer langen Zähne wurde diese Katze auch Säbelzahntiger genannt. Typisch ist der ungewöhnlich kurze Schwanz.

1
2
3
4
5
6

MAMMUT

Mammuts sind die Vorfahren der heutigen Elefanten. Sie hatten ein dickes Fell und zwei große, gebogene Stoßzähne.

1
2
3
4
5
6

WOLLNASHORN

TITANOBOA

DINOSAURIEREIER

Viele Dinosaurier legten Eier, aus denen der Nachwuchs schlüpfte. Einige dieser Eier werden heute noch in versteinerter Form gefunden.

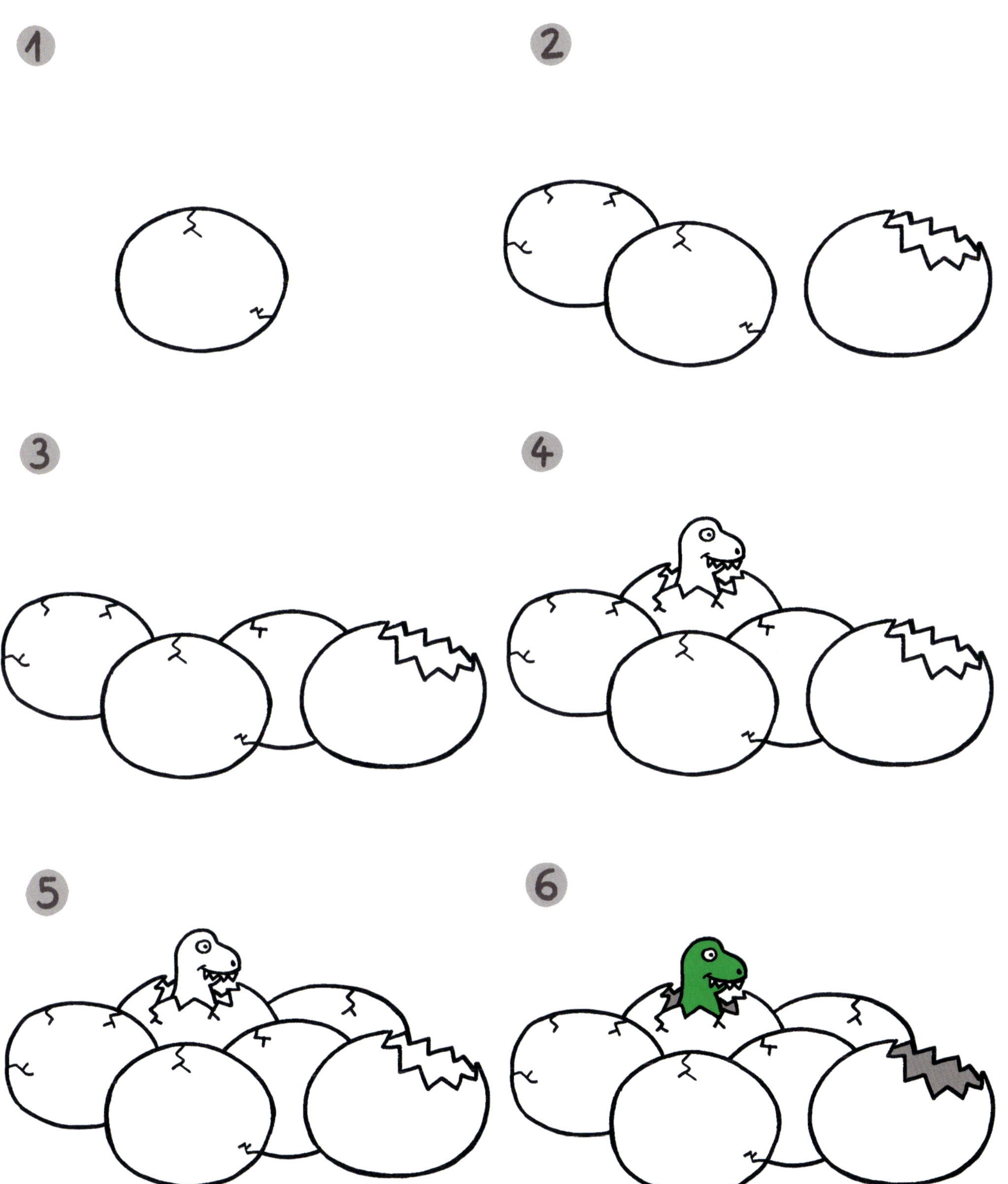
1
2
3
4
5
6

TYRANNOSAURUS REX

Tyrannosaurus Rex war vermutlich der größte an Land lebende Fleischfresser aller Zeiten. Er war so schwer und lang wie ein Linienbus.

1
2
3
4
5
6

DIPLODOCUS

Der Diplodocus war eines der größten Tiere, das unsere Erde jemals bewohnt hat. Trotz seiner Größe hat sich dieser Dinosaurier ausschließlich von Pflanzen ernährt.

1
2
3
4
5
6

TRICERATOPS

Der Triceratops ist leicht an seinem Nackenschild und den drei Hörnern auf dem Kopf zu erkennen. Mit diesen konnte er sich prima gegen Fressfeinde verteidigen.

1
2
3
4
5
6

ARCHAEOPTERYX

Archaeopteryx ist der wohl bekannteste Flugsaurier. Er gilt als Vorfahre der Vögel und soll vor ca. 150 Millionen Jahren gelebt haben.

1
2
3
4
5
6

ANKYLOSAURUS

POSTOSUCHUS

DICYNODON

Dicynodon bedeutet so viel wie „Hundezahn“. Das liegt daran, dass seine spitzen Eckzähne denen von Hunden ähnelten.

1
2
3
4
5
6

ICHTHYOSAURUS

Der Ichthyosaurus war ein Fischreptil und lebte ausschließlich im Meer. Du erkennst ihn leicht an dem langen, spitzen Kopf und der großen Schwanzflosse.

1
2
3
4
5
6

METEORIT

2

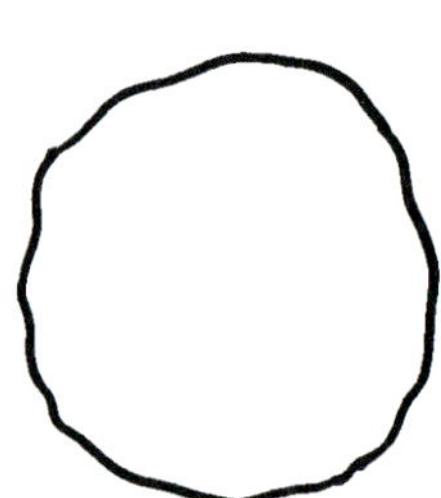

3

4

5

6

FOSSIL

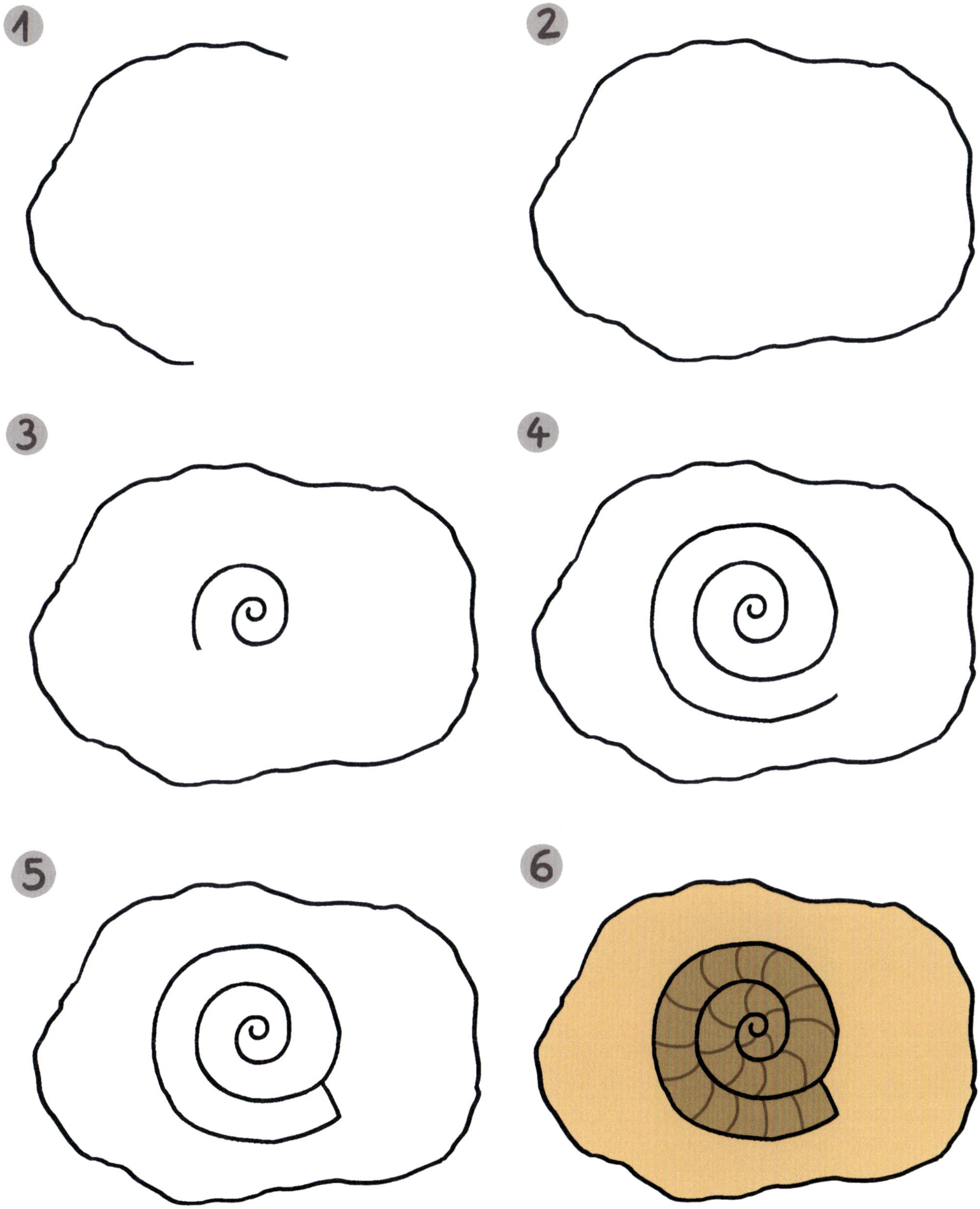

1

2

3

4

5

6

TRAUMFEE

Traumfeen sind tagsüber unsichtbar. Sobald es dunkel wird, erstrahlen sie in einem wunderschönen Orange und fliegen von Haus zu Haus, um allen schlafenden Kindern süße Träume zu zaubern.

1
2
3
4
5
6

BLUMENFEE

1

2

3

4

5

6

ZAHNFEE

3

4

5

6

REGENBOGENEINHORN

Regenbogeneinhörner sind die seltensten Einhörner von allen. Am liebsten galoppieren sie bei Regen über nasse Wiesen.

1
2
3
4
5
6

BAUM DES WISSENS

Der Baum des Wissens ist über tausend Jahre alt und kennt auf jede Frage eine Antwort. Viele Waldbewohner fragen ihn um Rat, wenn es Probleme gibt.

1
2
3
4
5
6

DRACHE

Drachen sehen aus wie fliegende Eidechsen. Sie können Feuer spucken und haben einen sehr guten Geruchssinnn.

1
2
3
4
5
6

SINGKÜRBIS

GRUMMELSTEIN

RAKETENHASE

Um Jägern, Wölfen und Drachen schneller zu entkommen, tragen Raketenhasen immer einen kleinen Raketenrucksack mit sich rum. Im Notfall können sie damit schnell fliehen.

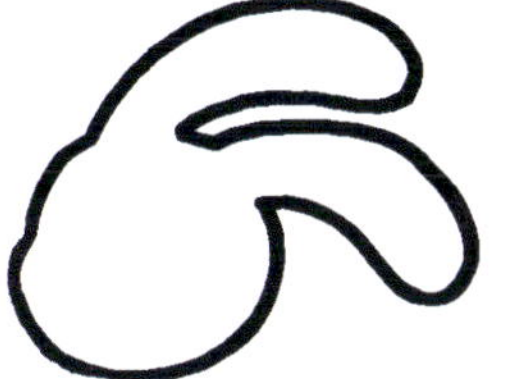

3

4

5

6

HEXE

Auf ihren Besen reiten Hexen nachts durch die Wälder, um Kräuter für ihre magischen Tränke zu sammeln.

1

2

3

4

MATHERABE

Matheraben sind sehr intelligent und geschickt. Man sagt, sie können schneller rechnen als ein Taschenrechner. Weißt du hier die Lösung?

1
2
3
4
5
3+3=
6
3+3=

MAGIER

WOLKENSCHLOSS

HÜPFSCHLANGE

Jede Hüpfschlange trägt an ihrem Ende eine Feder. Dadurch kann sie meterweit springen. Man erzählt sich, dass eine Hüpfschlange sogar mal höher als die Wolken gesprungen sein soll.

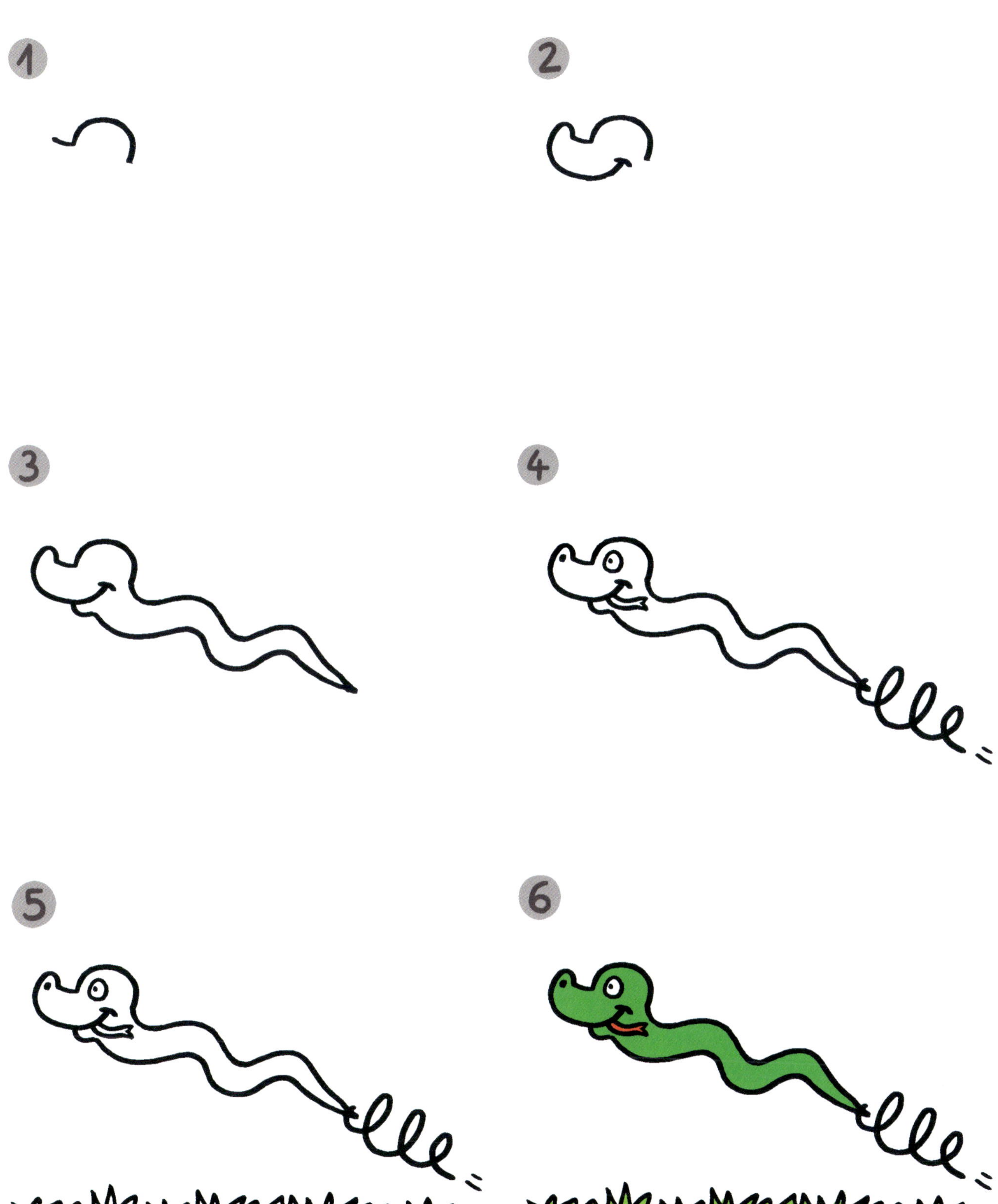
1
2
3
4
5
6

GRASZWERG

MEERJUNGFRAU

STEINELF

Keiner weiß warum, aber Steinelfen tragen immer einen großen Stein mit sich herum. Manche vermuten, dass sich in dem Stein ein wertvoller Gegenstand versteckt.

1
2
3
4
5
6

OHRLI

Ein Ohrli ist ein Ferkel mit Menschenohren. Angeblich handelt es sich bei dem Ohrli um einen Magier, dessen Zauberspruch danebenging. Dabei hat er sich aus Versehen selbst in ein Schwein verwandelt.

1
2
3
4
5
6

KITZELGRAS

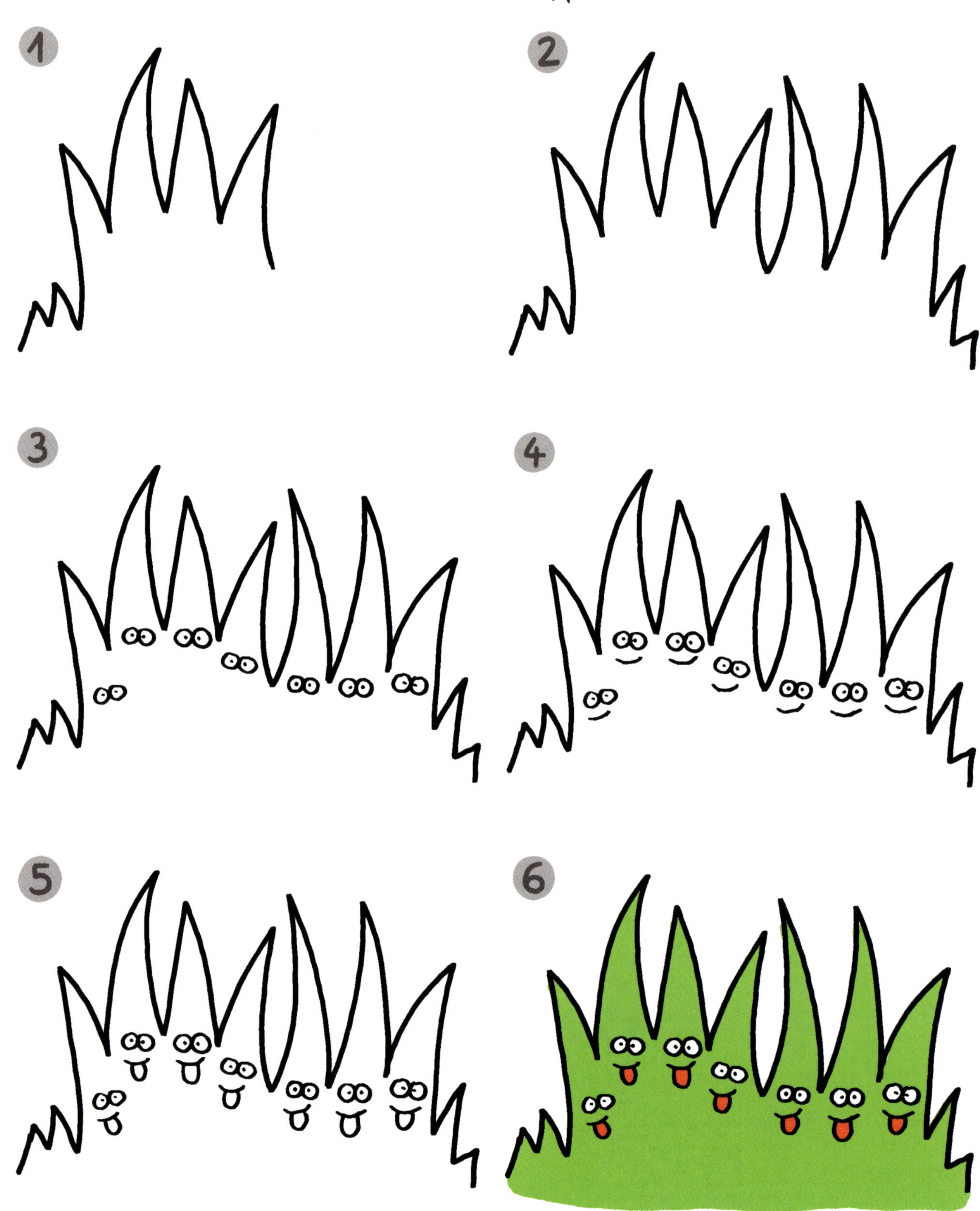

KICHERBLUMEN

FLUGSCHNECKE

Eigentlich sind Schnecken sehr langsame Tiere. Nicht aber die Flugschnecke. Einmal abgehoben, kann sie mit ihren Flügeln schneller fliegen als jeder Vogel.

1
2
3
4
5
6

RIESENPILZ

Riesenpilze sind größer als Bäume und spenden sehr viel Schatten. An heißen Sommertagen treffen sich daher alle Waldbewohner unter dem Hut eines Riesenpilzes, um die schattige Kühle zu genießen.

1
2
3
4
5
6

REGENBOGEN-GOLDSCHATZ

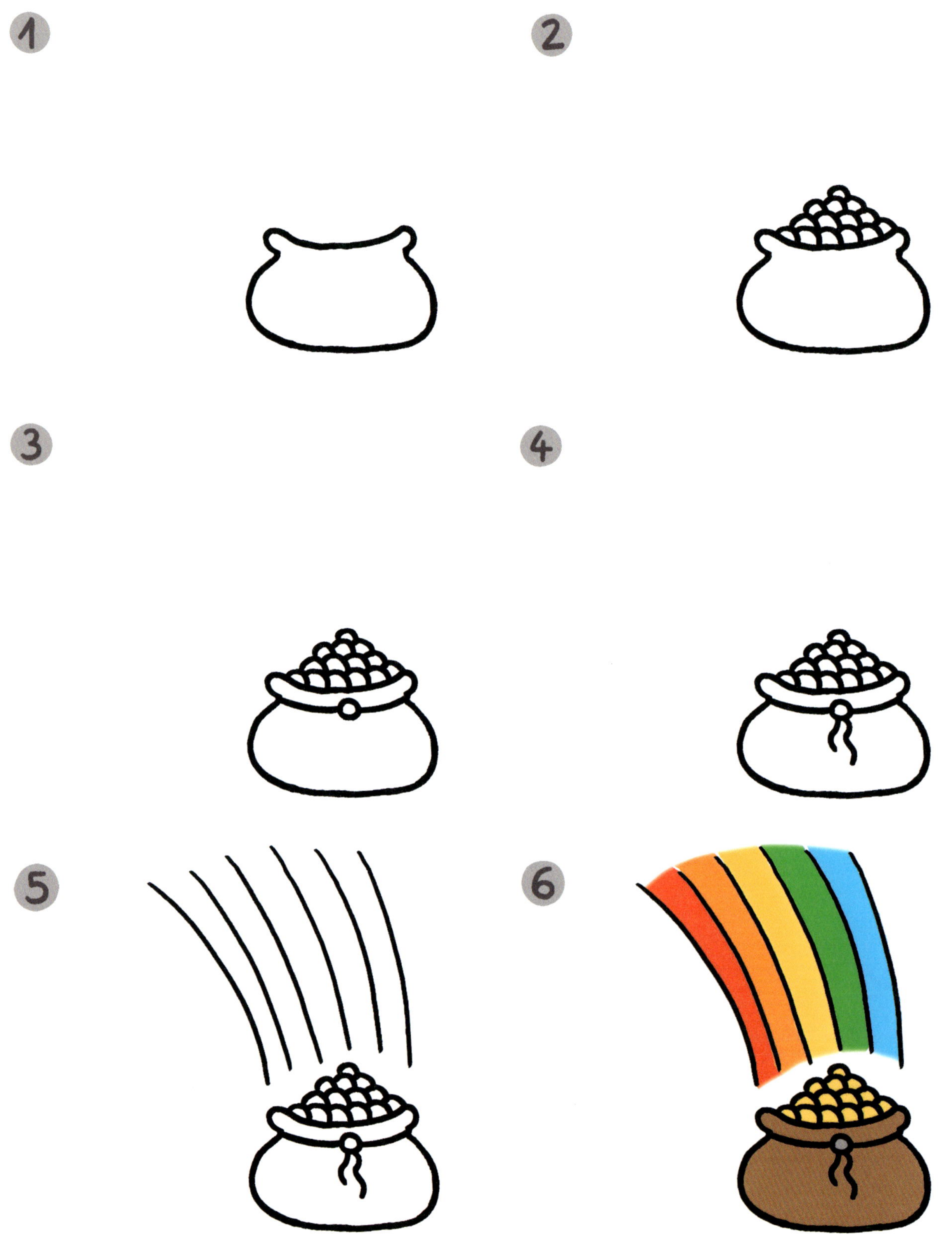

Motivregister

Penguin Random House Verlagsgruppe FSC®N001967

ISBN: 978-3-8094-4459-6

3. Auflage 2023

Zeichnungen und Umschlaggestaltung: Nico Fauser
Projektleitung: Birte Dittmann
Herstellung: Claudia Scheike
Satz und Layout: Nico Fauser
Druck und Bindung: Alföldi Druckerei AG, Debrecen, Ungarn

Printed in Hungary

67429801121/31420520/32030114/32040114/33700115/35230116/35240116